はじめに

なぜ体操に笑いが必要なのか

体操するときに，笑いはありますか？

「体操をするときに，笑いなんてない」
きっとそうだと思います。

体を動かすのに，笑いはいりませんから。

毎朝，近所の公園でラジオ体操をしています。
みなさん，マジメに，真剣にやってます。
笑ってやってる人なんていません。

体操は，マジメに，真剣にするもの。
笑ってするもんじゃない。
そう思っていました。これまでは。

でも，それは間違ってました。

体操は，笑って，楽しんでしたほうがいい。

そう確信しています。
どうして，そんな話をするのか。
それは，ボクが実際に現場で経験しているからです。

その現場とは，介護施設です。
対象者は要介護レベルのシニアです。
そこで，「体操をしましょう」なんて言ってもダメです。
誰も体操してくれません。
何もしないか。居眠りしているか。

でも，笑いがあると，体操をしてもらえます。

それを証明するこんな出来事がありました。

ボクが体操の説明をして，「わかりましたか？」と聞きました。
そうしたら，「……」。
まさかの，反応なし。
ボクは思わずズッコケてしまいました。
すると，その瞬間に，笑いが起きたのです。
そして，なんと，そのあと体操をする人が増えたのです。
さらに，笑いが起きた後は，居眠りする人も減ります。

体操に笑いは絶大な効果があります。
ということで，本書のタイトルはこれです。

『シニアの（ための）みんなで大笑いできるゲーム＆体操50』
　この本は，介護の現場で，シニアと支援者が，いっしょに大笑いして，楽しく体操をする本です。（シニアおひとりさまにもご活用いただけます）

　この本には，笑いのテクニックがあります。
　やりかたの説明だけでなく，どうしたらウケるか？　がわかります。
　もしウケなかったら？
　そのときは，思いっきりズッコケてください。
　きっと笑いが起きます。

みちお先生のみんなで大笑いできる ゲーム＆体操 10 の特長

1　笑う，楽しい
ゲームや体操に笑いのテクニックがあります。

2　盛り上がる
笑ったり,声を出したりすることで,全体の雰囲気が盛り上がります。

3　準備なしでできる
道具，準備一切不要です。

4　座ったままでできる
イスに腰かけたまま，立ち上がったりしなくでもできます。

5　かんたんにできる
複雑で難しい動きはありません。シニアにかんたんにできる動作です。

6　運動不足解消になる
すき間時間，食前，食後など，いつでもどこでもできます。

7　脳を活性化する
見て，聞いて，考えて，頭を使う体操があります。

8　歌う，声を出す
歌ったり，かけ声をかけたりします。

9　介護現場のレクや体操に役立つ
支援者に役立つ体操の本です。

10　一人でもできる
シニアおひとりさまにも活用できます。

この本の使い方

① はじめにおススメの体操をしましょう！
　　　　↓
② ほかの体操にもトライしましょう！
　　　　↓
③ お気に入りの体操があれば，おススメの体操と入れ替えましょう！

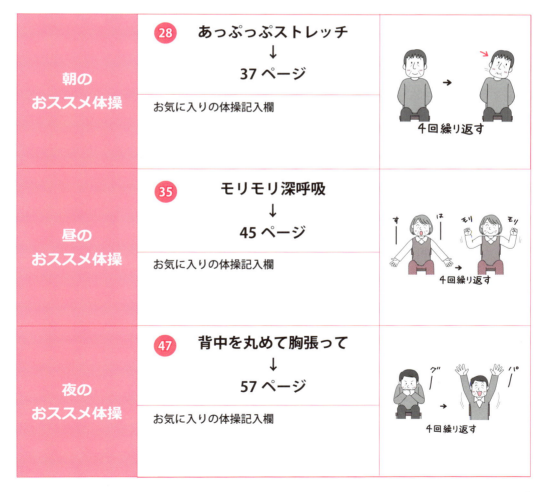

もくじ

はじめに　—なぜ体操に笑いが必要なのか—　2

みちお先生のみんなで大笑いできるゲーム＆体操10の特長　4

この本の使い方　5

I　大笑いできるゲーム25

1　「か」抜きでハイタッチ　9
2　3の倍数で笑顔になる　10
3　指名モリモリ　11
4　あっち向いてニッコリ　12
5　いぬとねことかに　13
6　お江戸では　14
7　ゴロゴロドカン　15
8　ジャンケン拍手　16
9　しりとりで足ぶみ　17
10　スイートクイズ　18

●コラム❶　ドキドキのハートマーク体操　19

11　なんちゃってパス　20
12　ナンバーコール　21
13　ピタリ当てましょう！　22
14　もしかめ太郎　23
15　逆さ言葉クイズ　24

16　ジャンケンどこさ　25
17　増える拍手　26
18　多数決ジャンケン　27
19　代返ゲーム　28
20　くつが鳴る体操　29
21　買い物クイズ　30
22　負けないジャンケン　31
23　大きな輪と小さな輪　32
24　リズムひざたたき　33
25　ふるさとグーチョキパー　34

Ⅱ　大笑いできる体操 25

26　V字でイエーイ　35
27　あご出し首伸ばし　36
28　あっぷっぷストレッチ　37
29　ソーラン節　38
30　お着替え体操　39
31　ガニ股歩き内股歩き　40
32　なっとうネバネバ体操　41

●コラム❷　体操を楽しむ秘訣はディズニーランド　42

33　バランスじょうず　43

34　腕伸ばし指伸ばし　44

35　モリモリ深呼吸　45

36　リアクション体操　46

37　ロボット歩き　47

38　いすブリッジ　48

39　宴会体操　49

40　居眠り体操　50

41　元気が出る足ぶみ　51

42　合掌でホイ　52

43　手を上げて　53

44　前でグー上下にパー　54

45　超肩回し　55

46　超高速拍手　56

47　背中丸めて胸張って　57

48　拍手でゴー　58

49　ニッコリマジメウォーク　59

50　歩きづらい足ぶみ　60

おわりに　ー体操のゴールは満足度の向上ー　61

❶ 「か」抜きでハイタッチ

七つの子を「か」抜きで歌って，ハイタッチしましょう！

ねらい と きき め　声を出す　肩の柔軟性維持

楽しみかた

① 支援者はシニアと向かい合わせになります。
② 「七つの子」（からすなぜなくの〜）を歌います。ただし，「か」のところは，歌わずに，両手でハイタッチをするマネをします。
③ 最後まで歌うことができたら大成功です！

みちお先生のケアポイント

・ハイタッチするのがむずかしいときは，胸の前でグータッチのマネをしてもオッケーです！

笑いのテクニック
・わざと間違えても（おもいっきり「か」を言ってしまっても），笑えます！

❷ 3の倍数で笑顔になる

1から順に番号を言い，3の倍数でニッコリ笑いましょう！

ねらいとききめ　声を出す　笑顔になる

楽しみかた

① 1から順に，2，3，4……と番号を言います。
② 3の倍数（3，6，9……）のときは，ニッコリと笑って言います。
③ 30までできたら大成功です！

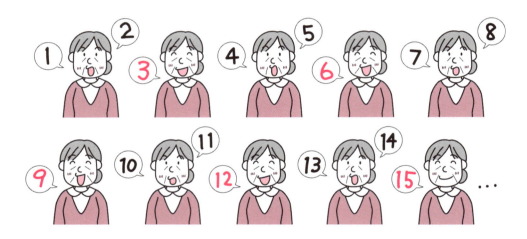

30までできたら大成功

みちお先生のケアポイント

・はじめはゆっくりと，慣れてきたら徐々にテンポアップしてトライしましょう！

笑いのテクニック
・人差し指をほっぺにつけてニッコリ笑うと盛り上がります！

❸ 指名モリモリ

モリモリポーズのあとに誰かを指名して，モリモリポーズをつなぎましょう！

ねらい とききめ　 元気が出る　 反応力アップ

楽しみかた

① 5，6人で円形になります。
② 誰か一人が「モリモリ」と言って，モリモリポーズをした後に，「〇〇さん」と名前を呼びます。
③ 名前を呼ばれた人は，同様に，モリモリポーズをしてほかの人の名前を呼びます。これをランダムに繰り返していきます。

みちお先生のケアポイント

・胸を張ってモリモリポーズをすると，胸のストレッチ効果がアップします！

笑いのテクニック

・わざと間違えて，そこにいない人の名前を呼んでも笑えます！

❹ あっち向いてニッコリ

円になって左右どちらかを向いて，顔が合ったらニッコリしましょう！

ねらいとききめ　　リズム体感　　表情づくり

楽しみかた

① 5，6人で円形になります。
② 拍手を2回して，左右どちらかを向きます。隣の人と顔が合ったら，ニッコリと笑います。
③ 同様にして，繰り返します。たくさん笑ったら最高です！

みちお先生のケアポイント

・むずかしいときは，連続せずに，1回ずつ止めて行ってもオッケーです！

笑いのテクニック

・顔が合ったら，しっかりと相手の目を見てニッコリ笑うと，盛り上がります！

❺ いぬとねことかに

3つのポーズを覚えてすばやく動作しましょう！

ねらい とききめ　記憶力維持　手先の器用さ維持

楽しみかた

① いぬ→両手をグー，ねこ→両手をパー，かに→両手をチョキ，各ポーズを覚えます。
② 支援者は，いぬ，ねこ，かに，をランダムに繰り返して言います。
③ シニアは，すばやく言われたとおりのポーズをします。間違えずにできたら最高です！

みちお先生のケアポイント

・指先まで意識を集中して動作しましょう！

笑いのテクニック

・支援者は，「ねこ」と言って両手をチョキにしたりして，フェイントを入れると，混乱して大笑いになります！

6 お江戸では

江戸，京都，大阪の３つのポーズを覚えて動作しましょう！

ねらい とききめ　　反応力アップ　　手先の器用さ維持

楽しみかた

① 「お江戸では」と言ったら刀を抜く（侍），「京都では」と言ったら合掌する（お坊さん），「大阪では」と言ったら両手をこすり合わせる（商人），それぞれのポーズをします。
② 支援者は，３つをランダムに繰り返して言います。
③ シニアが間違えずにできたら大成功です！

みちお先生のケアポイント

・３つがむずかしいときは，２つに減らしてもオッケーです！

笑いのテクニック
・支援者が「お江戸では」と言って，侍以外のポーズをすると，シニアの間違えを誘って笑えます！

❼ ゴロゴロドカン

指を折って，声を出して，10 かぞえましょう！

ねらい と ききめ　　手先の器用さ維持　　緊張感

楽しみかた

① 5，6人で円形になります。支援者は，（円の外で）後ろを向いて，「ゴロゴロ……」と言い続けます。
② はじめに，誰かが，指を折って声を出して 10 数えます。次に，隣の人が同様にします。（順番に繰り返し）
③ 支援者は，適当なタイミングで，「ゴロゴロ……ドカン！」と言います。そのときに 10 数えていた人が，大当たりです！

みちお先生のケアポイント

・「いち，にい，さん，しい……」と元気に声を出して数えましょう！

笑いのテクニック

・支援者が，「ゴロゴロ……」のところを，ゆっくりしたり，速くしたり，大きな声で言ったりすると，超盛り上がります！

⑧ ジャンケン拍手

ジャンケンをしてあいこが出たら，すばやく手をたたきましょう！

ねらいとききめ　反応力アップ　手先の器用さ維持

楽しみかた

① 二人一組になります。
② ジャンケンをして，あいこが出たら，すばやく拍手を1回します。
③ 相手よりも先に拍手をしたら勝ちとします。

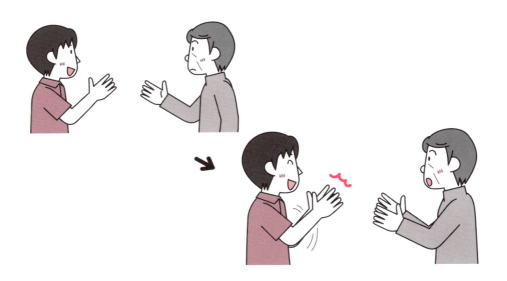

みちお先生のケアポイント

・「ジャンケンぽい！」と，元気に声を出してしましょう！

笑いのテクニック
・あいこじゃないのに，（わざと間違えて）手をたたいてしまっても笑えます！

❾ しりとりで足ぶみ

円になり，全員で足ぶみをして，しりとりで１周しましょう！

ねらい と ききめ　足腰強化　脳の活性化

楽しみかた

① 　５，６人で円になります。
② 　全員で足ぶみをしながら，しりとりをします。
③ 　（足ぶみをしたまま）誰かからスタートして１周したらおしまいです。

みちお先生のケアポイント

・こたえがなかなか出ないときは，ほかの誰かが代わりにこたえてもオッケーです！

笑いのテクニック

・１周したら，最後に全員で拍手をすると盛り上がります！

Ⅰ 大笑いできるゲーム25

⑩ スイートクイズ

「甘いもの」を考えて発表しましょう！

ねらいとききめ　脳の活性化

楽しみかた

① 　3，4人でします。支援者は，シニアに，「頭の中で甘いものを，たくさん思い浮かべてください」と言って考えてもらいます。
② 　シンキングタイムの後，「あんぱん」「どらやき」「ようかん」「大福もち」「さとう」など，思いついたものを次々に言ってもらいます。
③ 　こたえが10個出たら最高です！

みちお先生のケアポイント

・一人ずつ順番に言っても，手を上げて言ってもらってもオッケーです！

笑いのテクニック

・こたえを言ったあとに，その都度全員で拍手をすると盛り上がります！

コラム①

ドキドキのハートマーク体操

ボクは，グーパー体操をするときに，その人の目の前でします。
一人ひとり，全員とします。
10人いたら，10回します。

やり方はこうです。
① その人の前まで行きます。
② 相手の目をしっかり見ます。
③ グーで握って，パーでハイタッチ（をするマネ）。
④ ニッコリ笑います。

そのグーパー体操がきっかけで，思いがけない出来事が起こります。

それは，ある女性シニアにグーパーしたときのこと。その人は，なんと……。

ハートマーク（♡）

グーパーではなく，両手でハートマークをつくって返してきたのです。
「これってボクに告白？！」
そう思ったら，思わず照れ笑いしてしまいました。
「こんなふうにすれば，もっとおもしろくなるんだ！」
そう思った瞬間でした。

それ以来，そのハートマーク，ほかでも活用させてもらってます。
（感謝）

⑪ なんちゃってパス

「〇〇さん」と相手の名前を呼んで，ビーチボールをパスするマネをしましょう！

ねらい と ききめ　⟨ 手先の器用さ維持 ⟩ ⟨ 反応力アップ ⟩

楽しみかた

①　5，6人でします。支援者は「〇〇さん」と名前を呼んで，ビーチボールをパスするマネをします。
②　名前を呼ばれた人は，「はい」と返事をして，キャッチするマネをします。
③　キャッチした人が「△△さん」と別の人の名前を呼んで，同様に繰り返します。

みちお先生のケアポイント

・名前を呼ばれた人は，元気に「はいっ！」と返事をしてキャッチしましょう！

笑いのテクニック
・名前を呼んだ人とは別の人に，わざと間違えてパスしても笑えます！

⑫ ナンバーコール

番号を呼んでリレーしましょう！

ねらいとききめ　記憶力維持　反応力アップ

楽しみかた

① 4, 5人で円になります。1から順に番号をそれぞれにつけます。
② 「パン・パン・1・4」と，拍手を2回したあとに，自分の番号と誰かの番号を言います。
③ 自分の番号を呼ばれた人は，同様にして繰り返します。

みちお先生のケアポイント

・はじめはゆっくりしたテンポで，慣れてきたら徐々にテンポアップしましょう！

笑いのテクニック
・間違えは笑いに変えて，楽しんでしましょう！

⓭ ピタリ当てましょう！

ふたりで息を合わせて，心の中で 10 カウントしましょう！

ねらいとききめ　　集中力アップ

楽しみかた

① 支援者とシニアは，目を閉じて心の中で 10 かぞえます。
② ちょうど 10 のタイミングで「パチン」と手をたたきます。
③ ふたりの拍手がピッタリ合えば大成功です！

みちお先生のケアポイント

・むずかしいときは，数を減らしてトライしてもオッケーです！

笑いのテクニック

・大成功したら，ハイタッチをして，喜びを分かち合うとさらに盛り上がります！

⑭ もしかめ太郎

「うさぎとかめ」と「浦島太郎」の歌を，交互にうたいましょう！

ねらい と ききめ　声を出す　集中力アップ

楽しみかた

① 2チームに分かれて，「うさぎとかめ」と「浦島太郎」を交互にうたいます。

② はじめに，「もしもしかめよかめさんよ〜」，次に「むかしむかしうらしまは」，「世界のうちでおまえほど」，「助けたかめにつれられて」と交互に繰り返します。

③ 相手の曲の音程につられないように。楽しんでどうぞ！

もしもし かめよ かめさんよ〜

→

むかしむかしうらしまは〜

みちお先生のケアポイント

・交互にうたうのがむずかしいときは，2曲を同時にうたってもオッケーです！

笑いのテクニック

・間違えても気にせずに，元気に声を出してうたうと，盛り上がります！

⑮ 逆さ言葉クイズ

「りんご」→「ごんり」のように，3文字の言葉を逆さまから言い換えましょう！

ねらい と ききめ　 反応力アップ　 脳の活性化

楽しみかた

① 支援者が言った3文字の言葉を，シニアは逆さまにして言い換えます。
② 支援者が「りんご」と言ったら，シニアは「ごんり」とこたえます。
③ 3つかぞえるうちに正解できたら大成功です！　言葉を変えて繰り返します。

みちお先生のケアポイント

- **出題例**　ごりら→らりご，もみじ→じみも，とんぼ→ぼんと，でんき→きんで，きいろ→ろいき，ばなな→ななば，かばん→んばか，あたま→またあ

笑いのテクニック
- 支援者が「笑顔」と言ったら，シニアはニッコリ笑う，というルールを付け足しても楽しいです！

16 ジャンケンどこさ

「あんたがたどこさ」をうたいながら，ジャンケンをしましょう！

ねらいとききめ　　手先の器用さ維持　　声を出す

楽しみかた

① 支援者とシニアで，「あんたがたどこさ」の歌を手をたたきながらうたいます。
② 「さ」のところは，ふたりでジャンケンをします。
③ 勝っても負けても，最後まで続けてできたら最高です！

みちお先生のケアポイント

・「手をたたく」「ジャンケン」は，指先に気持ちを集中して，一つひとつの動作をていねいにすると，運動効果がアップします。

笑いのテクニック
・テンポを速くしてすると，動作が忙しくなって，笑えます！

⑰ 増える拍手

1回，2回，3回……と，手をたたく回数を増やしていきましょう！

ねらいとききめ　　手先の器用さ維持　　記憶力維持

楽しみかた

① 3，4人でします。
② 支援者は「せーの」と言って，全員で拍手を1回します。次に，「せーの」と言って，全員で拍手を2回します。
③ 同様にして，拍手を，3回，4回と繰り返していきます。全員で10回まで間違えずにできたら大成功です！

みちお先生のケアポイント

・むずかしいときは，数を減らしてもオッケーです！

笑いのテクニック

・間違えたら，もう一度はじめに戻ります。かんたんにクリアできないのもおもしろいです！

18 多数決ジャンケン

多数決でジャンケンの勝敗を決めちゃいましょう！

ねらい と ききめ　手先の器用さ維持

楽しみかた

① 5，6人で円になります。
② 全員でジャンケンをして，一番多いものを出した人が勝ちとします。
③ 同様にして繰り返します。

パーの勝ち

みちお先生のケアポイント

・多ければ勝ち，少なければ負けということを，ていねいに説明しましょう！

笑いのテクニック
・「ジャンケンぽい」っと元気に声を出してすると盛り上がります！

Ⅰ 大笑いできるゲーム25

⑲ 代返ゲーム

自分の名前を呼ばれたら，その両隣の人が返事をしましょう！

ねらい とききめ　　腕のストレッチ　　反応力アップ

楽しみかた

① 5，6人で円形になります。支援者は「〇〇さん」と誰かの名前を呼びます。

② 名前を呼ばれた人の両隣の人は「はいっ！」と返事をして手をあげます。（名前を呼ばれた本人は，返事をしたり，手をあげたりしません）

③ 間違えずにできたら大成功です。

みちお先生のケアポイント

・自己紹介からはじめて，隣の人の名前を覚えるところからスタートしましょう！

笑いのテクニック

・「はいっ！」と元気よく手をあげると雰囲気が盛り上がります！

20 くつが鳴る体操

「くつが鳴る」の歌にあわせて手足を動かしましょう！

ねらい とききめ　声を出す　足腰強化

楽しみかた

① 5，6人で円形になります。全員で「くつが鳴る」の歌をうたいます。
② 「おててつないで」は手をつなぐマネ。「のみちをゆけば」は足ぶみ。「みんなかわいい」はかわいいポーズ。「ことりになって」はことりのポーズ。
③ 「うたをうたえばくつがなる」は手拍子，「はれたみそらにくつがなる」は手をつなぐマネをします。

みちお先生のケアポイント

・元気に声を出してすると，ストレスの発散ができます！

笑いのテクニック

・終わったら，全員でハイタッチ（のマネ）をすると，超盛り上がります！

21 買い物クイズ

魚屋，八百屋，果物屋にあるものをすばやくこたえましょう！

ねらい と ききめ　　反応力アップ　　記憶力維持

楽しみかた

① 支援者とシニア，1対1でします。
② 支援者は，「魚屋」「八百屋」「果物屋」の中から，ひとつを言います。たとえば，「魚屋」と言われたら，シニアは魚屋に売っているものをひとつこたえます。
③ 「八百屋」と「果物屋」も同様にします。これをランダムに繰り返します。

みちお先生のケアポイント

・むずかしいときは，「魚屋」と「八百屋」など，ふたつに減らしてもオッケーです！

笑いのテクニック
・「3秒以内に，こたえられたら最高」など，制限時間を設けると，さらに盛り上がります！

㉒ 負けないジャンケン

あとだしの要領でジャンケンをして，全戦全勝しましょう！

ねらい
とききめ　　反応力アップ　　手先の器用さ維持

楽しみかた

① 支援者とシニアでジャンケンをします。
② 支援者は「ジャンケンぽい」の「ジャンケン」のところで，グーチョキパーのいずれかをあらかじめ出して（見せて）ジャンケンします。
③ シニアはそれを見てから勝てるものを出します。10回繰り返して，シニアが10連勝できたら大成功です！

みちお先生のケアポイント

・はじめはゆっくりと，慣れてきたら徐々にスピードアップしていきましょう！

笑いのテクニック

・「ジャンケンぽい」を元気に声を出して言うと盛り上がります！

23 大きな輪と小さな輪

両腕で大きなマルをつくったり，両手で小さなマルをつくったりしましょう！

ねらい と ききめ　　反応力アップ　　肩の柔軟性維持

楽しみかた

① 「大きな輪」と言って，両腕で大きなマルをつくります。
② 「小さな輪」と言って，両手で小さなマルをつくります。
③ 支援者が「大きな輪」のときはシニアは小さなマルを，支援者が「小さな輪」のときはシニアは大きなマルをつくります。間違えずにできたら大成功です！

みちお先生のケアポイント

・大きなマルは胸を張って，小さなマルは背中を丸めて動作しましょう！

笑いのテクニック
・支援者は「大きな輪」と言って小さなマルをつくったり，想定外の動作を混ぜても笑えます！

24 リズムひざたたき

右隣の人と左隣の人のひざを交互にたたくマネをしましょう！

ねらい と ききめ　　リズム体感

楽しみかた

① 5，6人で円形になります。
② 右手で右隣の人のひざを，8回たたくマネをします。そして，左手も同様に左隣の人のひざを，8回たたくマネをします。
③ 同様に，4回，2回，1回と繰り返して，最後は拍手をして終わります。全員の拍手のタイミングが合うと最高です！

みちお先生のケアポイント

・「いち，にい，さん，しい……」と全員で声を出してかぞえると，タイミングが合います。

笑いのテクニック

・「うさぎとかめ」（もしもしかめよ　かめさんよ〜）の歌に合わせてしても盛り上がります！

25 ふるさとグーチョキパー

「ふるさと」の歌に合わせて，グーチョキパーを繰り返しましょう！

ねらい
とききめ 　〔 声を出す 〕 〔 手先の器用さ維持 〕

楽しみかた

① 「ふるさと」（うさぎおいし　かのやま〜）の歌に合わせてグーチョキ
　パーを繰り返します。
② 「うさぎおいし　かのやま」（グーチョキパー繰り返し），「こぶなつりし
　かのかわ」（パーチョキグー繰り返し），「ゆめはいまも　めぐりて」（チョ
　キグーパー繰り返し）。
③ 「わすれがたき　ふるさと」（グーチョキパー繰り返し）。最後までできた
　たら大成功です！

うさぎおいし かのやま ♪　　　ゆめはいまも めぐりて ♪

♪ こぶなつりし かのかわ　　　わすれがたき ふるさと ♪

みちお先生のケアポイント

・指先集中。ゆっくりとていねいに動作しましょう！

笑いのテクニック
・わざと手の動作を間違えちゃっても，笑いになります！

26 V字でイエーイ

両手でVサインをして，片足を上げましょう！

ねらい とききめ　バランス感覚維持

楽しみかた

① 両手でVサインをします。
② 片足を上げて，「イエーイ！」と言います。
③ 足を替えて同様にします。（左右交互に2回ずつ）

みちお先生のケアポイント

・むずかしいときは，足を上げずにしてもオッケーです！

笑いのテクニック
・元気に声を出してすると盛り上がります！

㉗ あご出し首伸ばし

あごを前に突き出して首を上に伸ばしましょう！

ねらい と ききめ　　首のストレッチ　　姿勢保持

楽しみかた

① 胸を張って，両手を後ろで組みます。
② 顔を上げて，アゴを前に突き出して，首を上に伸ばします。
③ 一休みして，4回繰り返します。

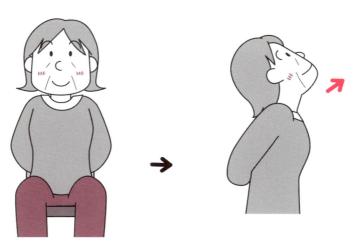

4回繰り返す

みちお先生のケアポイント

・（両手を後ろで組むのが）むずかしいときは，両手を腰に置いてしてもオッケーです！

笑いのテクニック

・唇を突き出したり，鼻の下を伸ばしたりして，変顔にしても笑えます！

28 あっぷっぷストレッチ

ほっぺたをふくらませて，頭を横に倒して首を伸ばしましょう！

ねらい と ききめ　　首のストレッチ　　肩こり予防

楽しみかた

① 両手を後ろで組んで，背筋を伸ばします。
② 頭を横に倒して，ほっぺたをぷくっとふくらませます。
③ 元に戻して，反対側も同様にします。（左右2回ずつ）

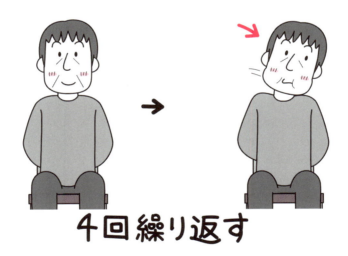

4回繰り返す

みちお先生のケアポイント

・（両手を後ろで組むのが）むずかしいときは，両手を腰に置いてしてもオッケーです！

笑いのテクニック
・支援者はシニアと向かい合って，にらめっこのようにすると，楽しいです！

㉙ ソーラン節

声を出して力強く地引網を引くマネをしましょう！

ねらいとききめ 足腰強化 声を出す

楽しみかた

① 足を肩幅にひらいて，背筋を伸ばします。
② 支援者は，「ソーラン！ ソーラン！」と声を出しながら，力強く地引網を引くマネをします。支援者のあとに続いて，シニアもマネをします。
③ 一休みして，4回繰り返します。

みちお先生のケアポイント

・足の裏全体で，しっかりと踏ん張るようにすると，上体が安定します。

笑いのテクニック

・元気に明るく動作すると盛り上がります！

㉚ お着替え体操

「ズボンをはく」「靴下をはく」など，支援者の言う着替えの動作をしましょう！

ねらい と ききめ 　柔軟性維持　反応力アップ

楽しみかた

① 支援者は，「ズボンをはく」「靴下をはく」「シャツの袖に腕をとおす」「シャツのボタンをとめる」など，着替えの動作を言います。
② シニアは，手足を動かして，その着替えの動作をします。
③ 最後は，自分の中で一番いい顔をして終わります。

みちお先生のケアポイント

・むずかしいときは，支援者が見本を見せながら，いっしょに動作しましょう！

笑いのテクニック
・「スカーフをまく」「口紅をつける」「ネクタイをしめる」など，おしゃれをする動作を混ぜると盛り上がります！

㉛ ガニ股歩きと内股歩き

ガニ股で足ぶみしたり，内股で足ぶみしましょう！

ねらいとききめ　股関節（こかんせつ）の柔軟性維持　表現力アップ

楽しみかた

① イスに浅く腰かけて，背筋を伸ばします。
② 胸を張って堂々と，ガニ股で足ぶみを8歩します。
③ 背中を丸めて弱々しく，内股で足ぶみを8歩します。（各2回ずつします）

みちお先生のケアポイント

・イスからの転倒に注意。むずかしいときは，深く腰かけてしてもオッケーです！

笑いのテクニック

・堂々とする，弱々しくする足ぶみだけでなく，顔の表情もそれらしく表現すると楽しくできます！

32 なっとうネバネバ体操

片手におはし，反対の手にお茶碗を持ち，なっとうをまぜまぜする動作をしましょう！

ねらいとききめ　　手先の器用さ維持　　手首の柔軟性維持

楽しみかた

① 片手におはし，反対の手にお茶碗を持って，なっとうを混ぜるマネを8回します。
② 同様に，反対回しで8回します。
③ 一休みして，4回繰り返します。

みちお先生のケアポイント

・混ぜる動作を大きくしたり小さくしたり，スピードを速くしたりゆっくりしたりすると変化があって楽しくできます！

笑いのテクニック

・ときどき，ネバネバを伸ばしてみたり，なっとうを食べたりしても笑えます！

コラム②

体操を楽しむ秘訣はディズニーランド

東京ディズニーランドでは，そこで働く人を従業員と呼びません。
従業員とは呼ばずに，「キャスト」と呼びます。
なぜなら，従業員は，夢の国を舞台とした「演者」という位置づけだから。
お客様は「ゲスト」です。

「夢の国という舞台で，演者がゲストを幸せに導く」

これが，キャストの最終目標です。
この話を聞いて，思いました。
ボクの体操はディズニーランドと同じ。

ボクは演者で，シニアはゲストです。
みんなで動くことで，ボクがシニアを幸せに導く。
そんなふうに考えると，テンションが上がります。

「体操をする」
よりも，
「演者がゲストを幸せにする」
としたほうが，断然楽しそうです。

ストーリー設定する。
楽しそうな，ワクワクするようなイメージにする。

体操を楽しむ秘訣です。

33 バランスじょうず

両腕を上に上げて，片足を上に持ち上げましょう！

ねらい
とききめ 　平衡感覚維持

楽しみかた

① 足を肩幅にひらいて，両腕を上に伸ばし，手の先を合わせます。
② そうっと静かに，片足を少し持ち上げてバランスをキープします。
③ 元に戻して，反対の足も同様にします。（左右2回ずつ）

みちお先生のケアポイント

・むずかしいときは，足を持ち上げずに，かかとを上げるだけでもオッケーです！

笑いのテクニック
・自分の中で一番の笑顔ですると楽しくできます！

㉞ 腕伸ばし指伸ばし

両腕を上に伸ばして両手の指を全開にしましょう！

ねらいとききめ　姿勢保持　腕のストレッチ

楽しみかた

① 足を肩幅にひらいて，胸を張ります。
② 両腕を上に伸ばして，両手の指を全開にします。
③ 8つかぞえて一休みします。（4回繰り返し）

みちお先生のケアポイント

・できる限り全部の指をいっぱいにひらきましょう！

笑いのテクニック

・ニッコリ笑ってすると，楽しくできます！

35 モリモリ深呼吸

深呼吸をして，モリモリポーズで元気になりましょう！

ねらい と ききめ 　腕のストレッチ　元気が出る

楽しみかた

① 胸を張って，両手の指をひらいて，深呼吸します。
② 一番いい顔をして，モリモリポーズをします。
③ 一休みして，4回繰り返します。

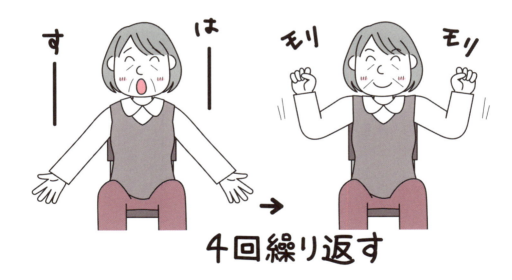

みちお先生のケアポイント

・大げさに深呼吸の動作をすると効果が上がります。

笑いのテクニック

・モリモリポーズをする，と見せかけておいて，人差し指をほっぺにつけてニッコリ笑うと盛り上がります！

36 リアクション体操

笑う，怒る，驚くのリアクションをしましょう！

ねらいとききめ 顔の体操　表現力アップ

楽しみかた

① ニッコリ笑って両手をパー。怒った顔で腕組みする。驚いた顔でバンザイする。それぞれのポーズを覚えます。
② 支援者はいずれかのポーズをして，シニアも同様にマネをします。
③ 支援者はランダムに繰り返します。楽しくできたら大成功です！

みちお先生のケアポイント

・顔の表情がむずかしいときは，動作だけでもオッケーです！

笑いのテクニック
・支援者は，モリモリポーズしたり，ガッツポーズをしたりするなど，想定外の動作を入れると，もっともっと楽しくなります！

37 ロボット歩き

左右の肩を交互に上げ下げしながら足ぶみしましょう！

ねらい とききめ 　足腰強化　肩こり予防

楽しみかた

① 腕を下に伸ばして，左右の肩を交互に上げ下げします。
② 足ぶみを8歩します。
③ この動作を同時にします。（4回繰り返します）

みちお先生のケアポイント

・背筋を伸ばしてすると，運動効果がアップします！

笑いのテクニック

・まるでロボットのように，ギクシャクした動きをすると笑えます！

38 いすブリッジ

いすに座ったまま，ブリッジのポーズのマネをしましょう！

ねらいとききめ 　胸のストレッチ　　手首の柔軟性維持

楽しみかた

① 両手を耳の横で，手のひらを上にします。
② 胸を張って，顔を上げます。
③ 一休みして，4回繰り返します。

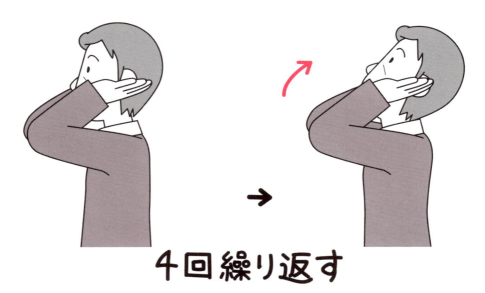

4回繰り返す

みちお先生のケアポイント

・顔を上げるのがむずかしいときは，顔は前を向いたまま，胸を張るだけでもオッケーです！

笑いのテクニック

・最後にガッツポーズなど，決めポーズをして終わると楽しいです！

㉟ 宴会体操

乾杯をしてビールを美味しく飲み干すマネをしましょう！

ねらい とききめ 　腕のストレッチ　声を出す

楽しみかた

① 5，6人で円になります。
② 隣の人のコップにビールを注ぐマネをします。
③ 全員で「かんぱーい！」と言って，乾杯のマネをします。美味しそうにビールを飲み干したら，最高に美味しい顔をしておしまいです。

みちお先生のケアポイント

・なるべく多くの人と，乾杯（するマネを）しましょう！

笑いのテクニック

・「ゴクゴク……」と，いかにも美味しそうにビールを飲み干す演技をすると楽しいです！

㊵ 居眠り体操

力を抜いて，居眠りしているフリをしましょう！

ねらい と ききめ　リラックス

楽しみかた

① 両腕を下に伸ばして，腕と肩の力を抜いてリラックスします。
② 軽く目を閉じて，背中を丸めたり，首を傾けたりして，居眠りをするマネをします。
③ パッチリ目をあけて，伸びをして，スッキリして終わります。

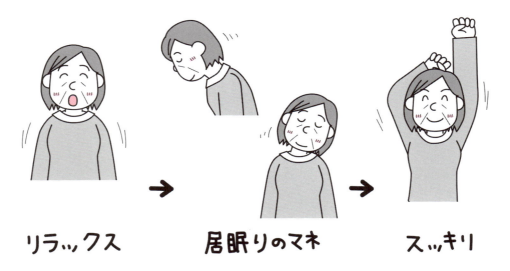

リラックス　→　居眠りのマネ　→　スッキリ

みちお先生のワンポイント

・はじめに，肩の上げ下げをするとリラックスできます！

笑いのテクニック

・大きないびきをかいたり，起きたと思ったらまたすぐ寝たりしても笑えます！

㊶ 元気が出る足ぶみ

モリモリポーズをしながら，足ぶみをしましょう！

ねらいとききめ　足腰強化　声を出す

楽しみかた

① 自分の中で一番いい顔をして，モリモリポーズをします。
② 「モリ・モリ……」と声を出しながら，足ぶみを8歩します。
③ 一休みして，4回繰り返します。

みちお先生のワンポイント

・ドンドンと強めに足ぶみをすると，足腰の強化になります！

笑いのテクニック

・元気に明るく声を出してすると，雰囲気が盛り上がります！

㊷ 合掌でホイ

両手を合わせて上下左右に動かします。シニアは支援者と同じ方向を指ささないようにしましょう！

ねらいとききめ　　反応力アップ　リズム体感

楽しみかた

① シニアと支援者は向かい合わせになります。
② 拍手を2回して，合掌します。（合掌したまま）両手の指先を，上下左右のいずれかの方向に向けます。
③ シニアは支援者と（指先が）同じ方向を向かないようにします。攻守を交代しながら，繰り返します。

みちお先生のワンポイント

・3拍子のリズム（1・2で拍手をして，3で動かす）ですると，テンポよくできます！

笑いのテクニック

・顔は上を向いて，指先は下を向くなど，顔と指先の方向を変えると，間違えやすくなっておもしろさが倍増します！

㊸ 手を上げて

「上げて」と言ったらバンザイ，「下げて」と言ったら手をひざに置きましょう！

ねらい と ききめ 　腕のストレッチ　集中力アップ

楽しみかた

① 支援者が「手を上げて」と言ったらシニアはバンザイを，「手を下げて」と言ったら両手をひざに置きます。
② 支援者は，「手を上げて」と「手を下げて」をランダムに繰り返します。
③ 間違えずにできたら大成功です！

みちお先生のワンポイント

・むずかしいときは，支援者もいっしょに動作してもオッケーです！

笑いのテクニック

・支援者は，「手を上げて」と言って手をひざに置いたり，「手を下げて」と言ってバンザイしたりすると，混乱しておもしろくなります！

㊹ 前でグー上下にパー

胸の前でグー，上下にパーで，グーパーしましょう！

ねらい
とききめ　　腕のストレッチ　　握力維持

楽しみかた

① 胸の前で両手をグーにします。
② 片腕を上に伸ばして，反対の腕を下に伸ばして両手をパーにします。
③ 上下の手を替えて同様にします。（4回繰り返します）

みちお先生のワンポイント

・パーのときに，両手の指を全開にすると運動効果がアップします！

笑いのテクニック
・「グーパー」と元気に声に出してすると，盛り上がります！

㊺ 超肩回し

両腕を前に伸ばして、ひじを前から上へ、上から後ろへ回しましょう！

ねらい と ききめ　　肩の柔軟性維持　　血行促進

楽しみかた

① 両手を握って、両腕を前に伸ばします。
② できる限り大きく、両ひじを前から上へ、上から後ろへ回します。
③ 一休みして、4回繰り返します。

4回繰り返す

みちお先生のワンポイント

・両ひじを、前から上へ、上から後ろへ動かすように意識しましょう！

笑いのテクニック
・最後に、「チョーきもちいい〜」と言って終わると、楽しいです！

46 超高速拍手

できる限りすばやく小刻みに手をたたきましょう！

ねらいとききめ 　手先の器用さ維持　　敏捷性（びんしょうせい）アップ

楽しみかた

① 足を肩幅にひらいて，胸を張ります。
② できる限り，すばやく，小刻みに，手を10回たたきます。
③ 一休みして，4回繰り返します。

4回繰り返す

みちお先生のワンポイント

・はじめは，ゆっくりとていねいに，手をたたく練習をしましょう！

笑いのテクニック
・元気に声を出して，10かぞえながらすると，盛り上がります！

47 背中丸めて胸張って

背中を丸めたり，胸を張ったりする動作を交互に繰り返しましょう！

ねらい とききめ　 胸のストレッチ　 姿勢保持

楽しみかた

① 背中を丸めて，胸の前で両手をグーにします。
② 胸を張って，両腕を上に伸ばして両手をパーにします。
③ 一休みして，4回繰り返します。

4回繰り返す

みちお先生のワンポイント

・足を肩幅にひらいてすると上体が安定します！

笑いのテクニック

・②のときに，目と口を大きくあけると楽しくできます！

48 拍手でゴー

支援者がする手拍子の強弱やテンポに合わせて足ぶみしましょう！

ねらいとききめ　足腰強化　反応力アップ

楽しみかた

① 支援者が手拍子。シニアはそれに合わせて足ぶみをします。
② 支援者は，強くしたり，弱くしたり，速くしたり，遅くしたり，強弱やテンポを変えて手をたたきます。
③ 8歩したら一休みします。（4回繰り返します）

みちお先生のワンポイント

・むずかしいときは，支援者もいっしょに足ぶみをしましょう！

笑いのテクニック
・とても強く足ぶみしたり，そうっと静かに足ぶみしたりして，大げさに動作すると楽しいです！

㊾ ニッコリマジメウォーク

ニッコリ笑ったり，マジメな顔をしたりして足ぶみしましょう！

ねらい とききめ　足腰強化　顔の体操

楽しみかた

① ニッコリ笑って足ぶみを8歩します。
② マジメな顔をして足ぶみを8歩します。
③ 一休みして，4回繰り返します。

みちお先生のワンポイント

・笑顔のときは，口を横にひらくだけでもオッケーです！

笑いのテクニック

・大げさすぎるぐらいの表情ですると盛り上がります！

㊿ 歩きづらい足ぶみ

両手を頭に置いたり，両手を後ろで組んだりして足ぶみしましょう！

ねらいとききめ　足腰強化　柔軟性維持

楽しみかた

① 両手を頭，両手を腰，両手を後ろで組むなど，それぞれのポーズで足ぶみをします。
② 支援者はランダムにポーズを変えながら足ぶみをします。
③ シニアも同様にマネをして繰り返します。

みちお先生のワンポイント

・シニアの体力レベルに合わせて，休み休みしましょう！

笑いのテクニック

・バンザイしたり，手をたたいたり，足首をつかんだり，想定外の動作を混ぜても楽しくできます！

おわりに

体操のゴールは満足度の向上

先日，ある体操を見学しました。
体操を見て，ビックリ！
その驚きの体操とは？

なんと，雑談9割。

ほとんどがおしゃべりだったのです。
「えー！　こんな体操あるの？！」
と，驚いてしまいました。
が。
なぜか，参加された方々は，大満足のご様子。

「おしゃべりが楽しい」
「先生が好き」
「友達がいる」
「体操が好き」
大満足の理由はさまざまだと思います。

ほとんどがおしゃべりの体操なんて，ボクには絶対にマネできません。
でも，ここでボクが言いたいのは，「そんな体操もある」ということ。
たとえ雑談が9割の体操だとしても，それに満足するシニアがいるのです。

「どんな体操をしたらいいですか？」

と質問されることがあります。
そういう人には，逆に質問です。

「シニアに満足してもらうためには，どうしたらいいですか？」

そう考えると，こたえはひとつとは限りません。
満足してもらえるなら，全部正解です。

たとえば。
おしゃべりをたくさんする。
歌謡曲を体操に利用する。
うたいながら体操する。
楽しいゲームを活用する。
大きな声を出して体を動かす。
「顔の体操」と言って，思いっきり変顔する。
などなど。
いろいろなアイディアが考えられます。

ボクの体操のゴールは，シニアの満足度の向上です。
「ただ体を動かすだけが体操じゃない」
「こんな体操もあるんだ」
「体操のイメージが変わった」
「これでもいいんだ」
この本を読んで，そう思ってもらえたらうれしく思います。

　令和６年８月
　　　　　　　　　　楽しい体操インストラクター　斎藤道雄

著者紹介

●斎藤道雄

体操講師，ムーヴメントクリエイター，体操アーティスト。

クオリティ・オブ・ライフ・ラボラトリー主宰。

自立から要介護シニアまでを対象とした体操支援のプロ・インストラクター。

体力，気力が低下しがちな要介護シニアにこそ，集団運動のプロ・インストラクターが必要と考え，運動の専門家を数多くの施設へ派遣。

「お年寄りのふだん見られない笑顔が見られて感動した」など，シニアご本人だけでなく，現場スタッフからも高い評価を得ている。

[お請けしている仕事]
○体操教師派遣（介護施設，幼稚園ほか）　○講演　○研修会　○人材育成　○執筆
[体操支援・おもな依頼先]
○養護老人ホーム長安寮
○有料老人ホーム敬老園（八千代台，東船橋，浜野）
○淑徳共生苑（特別養護老人ホーム，デイサービス）ほか
[講演・人材育成・おもな依頼先]
○世田谷区社会福祉事業団
○セントケア・ホールディングス（株）
○（株）オンアンドオン（リハビリ・デイたんぽぽ）ほか

[おもな著書]
○『シニアのズルして足腰＆おしりを鍛える体操 40　付・爆笑ビニールふうせん体操 10』
○『脳も体も一緒に元気になる幸せ体操 40　付・みんなが幸せになれるゲーム 10』
○『脳も体も一緒に元気になる長生き体操 40　付・タオル体操 10』
○『脳も体も一緒に元気になる健康体操 40　付・新聞棒体操 10』
○『思いっきり笑える！　シニアの足腰を強くする転ばない体操 40　付・ペットボトル体操 10』
○『思いっきり笑える！　シニアの笑顔ストレッチ＆体ほぐし体操 40　付・新聞紙体操 10』
○『思いっきり笑える！　要介護シニアも集中して楽しめる運動不足解消体操 40　付・お手玉体操 10』
○『思いっきり笑える！　シニアの介護予防体操 40　付・支援者がすぐに使える笑いのテクニック 10』

（以上，黎明書房）ほか多数

[お問い合わせ]
ホームページ「みちお先生の体操指導ＱＯＬラボ」：http://qollab.online/
メール：qollab.saitoh@gmail.com

＊イラスト・さややん。

シニアのみんなで大笑いできるゲーム＆体操 50

2024 年 9 月 15 日　初版発行

著　者	斎　藤　道　雄	
発 行 者	武　馬　久仁裕	
印　刷	藤原印刷株式会社	
製　本	協栄製本工業株式会社	

発 行 所　　　　　　　　株式会社 黎 明 書 房

〒460-0002　名古屋市中区丸の内 3-6-27　EBS ビル　☎ 052-962-3045
FAX 052-951-9065　振替・00880-1-59001
〒101-0047　東京連絡所・千代田区内神田 1-12-12　美土代ビル 6 階
☎ 03-3268-3470

落丁本・乱丁本はお取替します。　　　　　ISBN978-4-654-07727-4

ⓒ M. Saito 2024, Printed in Japan

シニアのズルして足腰＆おしりを鍛える体操40
付・爆笑ビニールふうせん体操10
斎藤道雄著　　　　B5・63頁　1720円

「にらめっこ腹筋」「かかしのおしり」など，楽して転倒予防や尿漏れ防止をするかんたん体操です。支援者もシニアも楽して効率的に体操ができます。もちろん，お一人でも！　2色刷。

脳も体も一緒に元気になる幸せ体操40
付・みんなが幸せになれるゲーム10
斎藤道雄著　　　　B5・63頁　1720円

脳も体も一緒に健康！　できてもできなくても楽しい「なりきりロックバンド」などの体操40種と，勝ち負けにこだわらないみんなが幸せな気持ちになれるゲーム10種を紹介。2色刷。

脳も体も一緒に元気になる長生き体操40
付・タオル体操10
斎藤道雄著　　　　B5・63頁　1720円

運動不足解消と脳の活性化が同時にできる，思わず笑いが生まれる「数えてグーチョキパー」などの体操40種と，タオルを使った簡単で楽しい体操10種を紹介。2色刷。

脳も体も一緒に元気になる健康体操40
付・新聞棒体操10
斎藤道雄著　　　　B5・63頁　1720円

運動不足解消と脳トレが同時にできる40種の健康体操を収録。「だるまさんがころんだ」などの体操で，頭と体を楽しく動かしましょう！　新聞棒を使った簡単で楽しい10の体操も紹介。2色刷。

思いっきり笑える！　シニアの足腰を強くする転ばない体操40　付・ペットボトル体操10
斎藤道雄著　　　　B5・63頁　1720円

足腰を強くし運動不足も解消する一挙両得の「つまずかない転ばない体操」で，シニアも支援者も笑顔に！　ペットボトルを使った簡単で盛り上がる体操も紹介。2色刷。

思いっきり笑える！　シニアの笑顔ストレッチ＆体ほぐし体操40　付・新聞紙体操10
斎藤道雄著　　　　B5・63頁　1720円

笑顔ストレッチで脱マスク老け！　「レロレロ体操」「キリンの首伸ばし」などの楽しい体操で，全身をほぐしましょう。新聞紙を使った簡単で盛り上がる体操も紹介。2色刷。

思いっきり笑える！　要介護シニアも集中して楽しめる運動不足解消体操40　付・お手玉体操10
斎藤道雄著　　　　B5・63頁　1720円

しゃべらなくても楽しい体操で運動不足解消！　シニアも支援者（おうちの方）も集中して楽しめる体操がいっぱいです。お手玉を使った体操も紹介。2色刷。

シニアのクイズ＆パズル＆算数遊び・言葉遊び44
脳トレーニング研究会編　　B5・71頁　1780円

頭を楽しく酷使するしりとり遊び，とんち判じ絵，虫食い算，二字熟語パズル，日本史クイズ，記憶力遊び，迷路遊び，間違いさがし，クロスワードパズル，推理遊びなど満載。カラー8頁。

シニアのクイズ＆都道府県パズル・クイズで楽しく脳トレ
脳トレーニング研究会　　B5・71頁　1760円

身近な都道府県をテーマにしたクロスワードパズル，間違いやすい県名クイズ，お隣でない都道府県クイズ，都道府県不思議クイズの他，判じ絵や間違いさがし，など47種収録。カラー8頁。

表示価格は本体価格です。別途消費税がかかります。

■ホームページでは，新刊案内など，小社刊行物の詳細な情報を提供しております。「総合目録」もダウンロードできます。
http://www.reimei-shobo.com/